www.ingramcontent.com/pod-product-compliance
Lightning Source LLC
Chambersburg PA
CBHW080552220526
45466CB00010B/3119
* 9 7 8 1 6 9 6 0 9 2 7 9 1 *